Ai, Terri, Terr

Adelina Palacín
Assumpta Verdaguer

Dibuixos de Pilarín Bayés

Primeres Planes
7

Última reimpressió: juny de 2019

Disseny: Eumogràfic
Dibuixos: Pilarín Bayés

Eumo Editorial. C. Perot Rocaguinarda, 17. 08500 Vic
www.eumoeditorial.com - eumoeditorial@eumoeditorial.com
–Eumo és l'editorial de la UVic-UCC–

Imprès a Leitzaran Grafikak

Dipòsit legal: B-21.610-2012
ISBN: 978-84-7602-649-6
ISBN obra completa: 978-84-7602-052-4

Com cada matí, en Pau i la Laia esperen l'autobús al costat de casa seva.

En Terri veu els seus amics i surt de la caseta.
Mou el cap i la cua; està content.

–Què vols?
Té, una mica de coca.
Quina coca tan bona!
Oi, Terri?

animals

–Saps què, Pau?
Em sembla que portaré en Terri
a l'escola.
–I per què?
–És que a la meva classe
estudiem els animals.
–Laia! No saps que a l'autobús
no hi volen cap gos?

La Laia és tossuda.
Deslliga el gos de la cadena i
l'agafa pel collar.
–Tens gana, maco?
Té, una galeta.

Com que l'autobús no arriba, la
Laia treu el llibre dels animals.
Obre la segona plana i diu:
–Mira, Pau, que bonic.
–Oh, són els animals de la
masia! La vaca i el cavall.

–I aquí hi ha el gat i el gos,
l'ànec i l'oca, la gallina i el gall,
el conill i el porquet.

–En aquesta plana hi ha els animals que viuen al bosc: l'àguila i l'esquirol, el llop i la guineu.

–I aquestes cuques?
–Laia, no diguis cuques. Són insectes i tots tenen un nom.

–Són el grill i la llagosta, l'escarabat i la formiga, la mosca i el mosquit.

–Els insectes a l'hivern s'amaguen.
–Tens raó. Ara no es veuen ni mosques ni mosquits, ni grills, ni formigues.

–Quantes coses saps, Pau!
–I aquí n'hi ha quatre més: el cargol i el llimac, la granota i el gripau.

L'autobús acaba d'arribar.
–Va, de pressa, que avui no anem gaire d'hora! –diu la Miquela.

La Laia mira d'amagar el gos dins de l'abric, però les seves amigues se n'adonen.

Tothom vol tocar el gos.
–Quina cua més llarga!
–Quines orelles més llargues!
–Quin pèl més fi!
En un tres i no res, no hi ha
cap nen que segui en el seu lloc.

La Miquela pica de mans.
–Què passa aquí?
Nens, tots asseguts!

–Laia, treu aquesta bèstia al carrer!

–No, no el toqueu, el gos és meu!

En Terri, quan veu que el volen agafar, es posa a bordar.
–Bup, bup!

I la Miquela, espantada, cau de cul a terra.
Quin guirigall!
Sort que no s'ha fet mal ningú.

En Quim para l'autobús i diu
molt enfadat:
–Sigui com sigui, recularem.
Tornarem el gos a casa seva.

La Laia calla i guarda en Terri
a sota la butaca.

I quan tothom està tranquil
el gos va ficant el cap a dins
de les bosses, dels cabassos
i de les maletes.

En Terri s'ho empassa tot sense mastegar: coca, galetes, pernil i pa amb tomàquet.

La Miquela se n'adona i crida:
–Agafeu-lo, lligueu-lo!
Espantat, en Terri s'escapa.

Tots els nens es posen a córrer al seu darrere.

–Sigueu bons nens! Veniu de seguida! El gos segur que tornarà.

Però els nens es van passar el matí seguint el gos, i en Quim i la Miquela perseguint els nens.

Resum de l'argument

En Pau i la Laia, després de passar les vacances de Nadal a la masia dels seus avis, han tornat a casa seva per anar a col·legi.

Quan van a la masia sempre s'emporten en Terri (el seu gos). Allà és molt feliç perquè pot córrer lliurement pertot arreu. En canvi aquí l'han de tenir lligat. Per això quan veu els nens es posa molt content.

La Laia es proposa endur-se'l a l'escola: pensa que serà la millor manera d'estudiar els animals, però en Pau no ho veu possible.

Avui, l'autobús porta retard. La Laia té temps d'ensenyar a en Pau el llibre que li ha deixat la seva mestra.

En Pau coneix molt bé tots els animals que hi ha dibuixats i ajuda la Laia a aprendre'n els noms.

Quan arriba l'autobús la Laia aconsegueix amagar en Terri i endur-se'l.

Tan aviat com l'acompanyant del conductor (la Miquela) descobreix el gos, neix una antipatia entre tots dos i els incidents se succeeixen l'un darrere l'altre.

Finalment en Terri, espantat, s'escapa i la Laia ha de baixar de l'autobús per anar-lo a buscar.

En un instant, no hi queda cap nen: tots corren darrere del gos.

En Quim i la Miquela no els poden aturar.

No tenen altre remei que aparcar l'autobús i seguir-los.

Al cap de molta estona de persecució tots estan cansats. Els nens i el gos s'aturen i per això els poden atrapar (dibuix de portada)

Vocabulari treballat

Mots amb C:

abric	cada	caseta	conill	cuques	llimac	recularem
acaba	cadena	cau	content	córrer	lloc	tocar
amics	calla	cavall	coses	escapa	maco	vaca
bonic	cap	classe	costat	escarabat	mica	ànec
bosc	cargol	coca	crida	escola	mosca	
butaca	carrer	collar	cua	ficant	oca	
cabassos	casa	com	cul	insectes	pica	

Mots amb G:

agafa	cargol	galeta	gana	grill	guirigall	ningú
agafar	deslliga	galetes	gat	grills	llagosta	segona
amagar	formiga	gall	gos	gripau	llarga	segur
asseguts	gaire	gallina	granota	guarda	mastegar	

Mots amb GU:

amaguen	formigues	llargues	perseguint	seguint	àguila
amigues	guineu	lligueu	segui	sigueu	
diguis	guirigall	pegueu	seguida	sigui	

Mots amb Q:

quan	quantes	quatre

Mots amb QU:

aquesta	cuques	mosques	porquet	quin	què	tranquil
aquestes	esquirol	mosquit	que	quina	tomàquet	
aquí	Miquela	mosquits	Quim	quines	toqueu	